NOTE DI TRADING

"Perché miglioriamo soltanto ciò che misuriamo!"

- Anonimo -

Copyright2019© Riccardo Memeo
Tutti i diritti riservati
ISBN - 9781096224273

_____

Nome

_____

Cognome

_____

Data

Un'attività di trading di successo, svolta professionalmente, si basa su uno scrupoloso processo di pianificazione con lo scopo di ottenere consapevolezza nei propri mezzi e rispettare, con rigore, tutte le regole del proprio sistema di trading.

Imparare a registrare il dettaglio delle operazioni eseguite, oltre che essere una buona consuetudine, risulta infatti fondamentale per acquisire sicurezza e disciplina in relazione ad una strategia operativa, oltre a darti la possibilità concreta e tangibile di valutare, nel tempo, tutti i progressi e gli eventuali errori commessi.

Infatti, avere dei dati concreti ed oggettivi sui quali basarti, è l'unico modo per capire se e dove stai sbagliando, e adottare così le contromisure necessarie a risolvere i problemi.

Non farlo sarebbe un po' come guidare un'auto a fari spenti nella notte.

"Nel trading si diventa vincenti attraverso uno studio metodico degli errori."
- Oliver Velez -

Comprenderai quindi che l'attività di monitoraggio nel trading on line è imprescindibile per rendere sostenibile questa attività nel lungo periodo. Benché esistano ormai innumerevoli modi tecnologici per creare report, anche automatici, non sottovalutare l'importanza di trascrivere i dati con carta e penna, in particolar modo su un diario che ti fornisce le corrette linee guida per farlo.

In questo modo, oltre a dare maggior importanza al dato trascritto proprio perché sei tu stesso a farlo, avrai un percepito infinitamente maggiore, poiché scriverlo manualmente ti aiuterà a metabolizzare gli aspetti importanti di ogni singolo trade.

"Possedere un diario di trading è il primo passo verso il trading profittevole"
- Riccardo Memeo -

Data
Strumento
Prezzo d'entrata
Size
Stop-loss
Take-profit
R:R

Risultato ✓ / ✗

Profitto
Perdita

Considerazioni / Strategia utilizzata

Data
Strumento
Prezzo d'entrata
Size
Stop-loss
Take-profit
R:R

Risultato ✓ / ✗

Profitto
Perdita

Considerazioni / Strategia utilizzata

Data
Strumento
Prezzo d'entrata
Size
Stop-loss
Take-profit
R:R

Risultato ✓ / ✗

Profitto
Perdita

Considerazioni / Strategia utilizzata

Data
Strumento
Prezzo d'entrata
Size
Stop-loss
Take-profit
R:R

Risultato ✓ / ✗

Profitto
Perdita

Considerazioni / Strategia utilizzata

Data
Strumento
Prezzo d'entrata
Size
Stop-loss
Take-profit
R:R

Risultato ✓ / ✗

Profitto
Perdita

Considerazioni / Strategia utilizzata

Data
Strumento
Prezzo d'entrata
Size
Stop-loss
Take-profit
R:R

Risultato ✓ / ✗

Profitto
Perdita

Considerazioni / Strategia utilizzata

Data
Strumento
Prezzo d'entrata
Size
Stop-loss
Take-profit
R:R

Risultato ✓ / ✗

Profitto
Perdita

Considerazioni / Strategia utilizzata

Data
Strumento
Prezzo d'entrata
Size
Stop-loss
Take-profit
R:R

Risultato ✓ / ✗

Profitto
Perdita

Considerazioni / Strategia utilizzata

"*Se aggiungi poco a poco, ma lo farai di frequente, presto il poco diventerà molto.*"
— *Esiodo* —

Data
Strumento
Prezzo d'entrata
Size
Stop-loss
Take-profit
R:R

Risultato ✓ / ✗

Profitto
Perdita

Considerazioni / Strategia utilizzata

Data
Strumento
Prezzo d'entrata
Size
Stop-loss
Take-profit
R:R

Risultato ✅ / ❌

Profitto
Perdita

Considerazioni / Strategia utilizzata

Data
Strumento
Prezzo d'entrata
Size
Stop-loss
Take-profit
R:R

Risultato ✓ / ✗

Profitto
Perdita

Considerazioni / Strategia utilizzata

Data
Strumento
Prezzo d'entrata
Size
Stop-loss
Take-profit
R:R

Risultato ✓ / ✗

Profitto
Perdita

Considerazioni / Strategia utilizzata

Data
Strumento
Prezzo d'entrata
Size
Stop-loss
Take-profit
R:R

Risultato ✓ / ✗

Profitto
Perdita

Considerazioni / Strategia utilizzata

Data _____
Strumento _____
Prezzo d'entrata _____
Size _____
Stop-loss _____
Take-profit _____
R:R _____

Risultato ✓ / ✗

Profitto _____
Perdita _____

Considerazioni / Strategia utilizzata

_____
_____
_____
_____
_____
_____
_____
_____
_____
_____

Data
Strumento
Prezzo d'entrata
Size
Stop-loss
Take-profit
R:R

Risultato ✓ / ✗

Profitto
Perdita

Considerazioni / Strategia utilizzata

Data
Strumento
Prezzo d'entrata
Size
Stop-loss
Take-profit
R:R

Risultato ✓ / ✗

Profitto
Perdita

Considerazioni / Strategia utilizzata

Data
Strumento
Prezzo d'entrata
Size
Stop-loss
Take-profit
R:R

Risultato ✓ / ✗

Profitto
Perdita

Considerazioni / Strategia utilizzata

"Investi in te stesso. La tua carriera è il motore della tua ricchezza."
- Paul Clitheroe -

Data
Strumento
Prezzo d'entrata
Size
Stop-loss
Take-profit
R:R

Risultato ✓ / ✗

Profitto
Perdita

Considerazioni / Strategia utilizzata

Data
Strumento
Prezzo d'entrata
Size
Stop-loss
Take-profit
R:R

Risultato ✓ / ✗

Profitto
Perdita

Considerazioni / Strategia utilizzata

Data
Strumento
Prezzo d'entrata
Size
Stop-loss
Take-profit
R:R

Risultato ✓ / ✗

Profitto
Perdita

Considerazioni / Strategia utilizzata

Data
Strumento
Prezzo d'entrata
Size
Stop-loss
Take-profit
R:R

Risultato ✓ / ✗

Profitto
Perdita

Considerazioni / Strategia utilizzata

Data
Strumento
Prezzo d'entrata
Size
Stop-loss
Take-profit
R:R

Risultato ✓ / ✗

Profitto
Perdita

Considerazioni / Strategia utilizzata

Data
Strumento
Prezzo d'entrata
Size
Stop-loss
Take-profit
R:R

Risultato ✓ / ✗

Profitto
Perdita

Considerazioni / Strategia utilizzata

Data
Strumento
Prezzo d'entrata
Size
Stop-loss
Take-profit
R:R

Risultato ✓ / ✗

Profitto
Perdita

Considerazioni / Strategia utilizzata

Data
Strumento
Prezzo d'entrata
Size
Stop-loss
Take-profit
R:R

Risultato ✓ / ✗

Profitto
Perdita

Considerazioni / Strategia utilizzata

Data
Strumento
Prezzo d'entrata
Size
Stop-loss
Take-profit
R:R

Risultato ✓ / ✗

Profitto
Perdita

Considerazioni / Strategia utilizzata

"L'investimento deve essere razionale, se non lo capite non lo fate."
- Warren Buffett -

Data
Strumento
Prezzo d'entrata
Size
Stop-loss
Take-profit
R:R

Risultato ✓ / ✗

Profitto
Perdita

Considerazioni / Strategia utilizzata

Data
Strumento
Prezzo d'entrata
Size
Stop-loss
Take-profit
R:R

Risultato ✓ / ✗

Profitto
Perdita

Considerazioni / Strategia utilizzata

Data
Strumento
Prezzo d'entrata
Size
Stop-loss
Take-profit
R:R

Risultato ✓ / ✗

Profitto
Perdita

Considerazioni / Strategia utilizzata

Data
Strumento
Prezzo d'entrata
Size
Stop-loss
Take-profit
R:R

Risultato ✓ / ✗

Profitto
Perdita

Considerazioni / Strategia utilizzata

Data
Strumento
Prezzo d'entrata
Size
Stop-loss
Take-profit
R:R

Risultato ✓ / ✗

Profitto
Perdita

Considerazioni / Strategia utilizzata

Data
Strumento
Prezzo d'entrata
Size
Stop-loss
Take-profit
R:R

Risultato ✓ / ✗

Profitto
Perdita

Considerazioni / Strategia utilizzata

Data
Strumento
Prezzo d'entrata
Size
Stop-loss
Take-profit
R:R

Risultato ✓ / ✗

Profitto
Perdita

Considerazioni / Strategia utilizzata

Data
Strumento
Prezzo d'entrata
Size
Stop-loss
Take-profit
R:R

Risultato ✓ / ✗

Profitto
Perdita

Considerazioni / Strategia utilizzata

Data
Strumento
Prezzo d'entrata
Size
Stop-loss
Take-profit
R:R

Risultato ✓ / ✗

Profitto
Perdita

Considerazioni / Strategia utilizzata

"Spesso il successo di un'impresa nasce dove s'incontrano fortuna e duro lavoro."
- Dustin Moskovitz -

Data
Strumento
Prezzo d'entrata
Size
Stop-loss
Take-profit
R:R

Risultato ✓ / ✗

Profitto
Perdita

Considerazioni / Strategia utilizzata

Data

Strumento

Prezzo d'entrata

Size

Stop-loss

Take-profit

R:R

Risultato ✓ / ✗

Profitto

Perdita

Considerazioni / Strategia utilizzata

Data
Strumento
Prezzo d'entrata
Size
Stop-loss
Take-profit
R:R

Risultato ✓ / ✗

Profitto
Perdita

Considerazioni / Strategia utilizzata

Data
Strumento
Prezzo d'entrata
Size
Stop-loss
Take-profit
R:R

Risultato ✓ / ✗

Profitto
Perdita

Considerazioni / Strategia utilizzata

Data
Strumento
Prezzo d'entrata
Size
Stop-loss
Take-profit
R:R

Risultato ✓ / ✗

Profitto
Perdita

Considerazioni / Strategia utilizzata

Data
Strumento
Prezzo d'entrata
Size
Stop-loss
Take-profit
R:R

Risultato ✓ / ✗

Profitto
Perdita

Considerazioni / Strategia utilizzata

Data
Strumento
Prezzo d'entrata
Size
Stop-loss
Take-profit
R:R

Risultato ✓ / ✗

Profitto
Perdita

Considerazioni / Strategia utilizzata

Data
Strumento
Prezzo d'entrata
Size
Stop-loss
Take-profit
R:R

Risultato ✓ / ✗

Profitto
Perdita

Considerazioni / Strategia utilizzata

Data
Strumento
Prezzo d'entrata
Size
Stop-loss
Take-profit
R:R

Risultato ✓ / ✗

Profitto
Perdita

Considerazioni / Strategia utilizzata

> *"Devi accettare le perdite senza coinvolgimenti emozionali oppure cambia mestiere o hobby"*
>
> - Victor Sperandeo -

Data
Strumento
Prezzo d'entrata
Size
Stop-loss
Take-profit
R:R

Risultato ✓ / ✗

Profitto
Perdita

Considerazioni / Strategia utilizzata

Data
Strumento
Prezzo d'entrata
Size
Stop-loss
Take-profit
R:R

Risultato ✓ / ✗

Profitto
Perdita

Considerazioni / Strategia utilizzata

Data
Strumento
Prezzo d'entrata
Size
Stop-loss
Take-profit
R:R

Risultato ✓ / ✗

Profitto
Perdita

Considerazioni / Strategia utilizzata

Data
Strumento
Prezzo d'entrata
Size
Stop-loss
Take-profit
R:R

Risultato ✓ / ✗

Profitto
Perdita

Considerazioni / Strategia utilizzata

Data
Strumento
Prezzo d'entrata
Size
Stop-loss
Take-profit
R:R

Risultato ✓ / ✗

Profitto
Perdita

Considerazioni / Strategia utilizzata

Data
Strumento
Prezzo d'entrata
Size
Stop-loss
Take-profit
R:R

Risultato ✓ / ✗

Profitto
Perdita

Considerazioni / Strategia utilizzata

Data
Strumento
Prezzo d'entrata
Size
Stop-loss
Take-profit
R:R

Risultato ✓ / ✗

Profitto
Perdita

Considerazioni / Strategia utilizzata

Data
Strumento
Prezzo d'entrata
Size
Stop-loss
Take-profit
R:R

Risultato ✓ / ✗

Profitto
Perdita

Considerazioni / Strategia utilizzata

Data
Strumento
Prezzo d'entrata
Size
Stop-loss
Take-profit
R:R

Risultato ✓ / ✗

Profitto
Perdita

Considerazioni / Strategia utilizzata

"La prima regola degli affari: proteggi il tuo investimento."
- Dal film Revolver -

Data
Strumento
Prezzo d'entrata
Size
Stop-loss
Take-profit
R:R

Risultato ✓ / ✗

Profitto
Perdita

Considerazioni / Strategia utilizzata

Data
Strumento
Prezzo d'entrata
Size
Stop-loss
Take-profit
R:R

Risultato ✓ / ✗

Profitto
Perdita

Considerazioni / Strategia utilizzata

Data
Strumento
Prezzo d'entrata
Size
Stop-loss
Take-profit
R:R

Risultato ✓ / ✗

Profitto
Perdita

Considerazioni / Strategia utilizzata

Data

Strumento

Prezzo d'entrata

Size

Stop-loss

Take-profit

R:R

Risultato ✓ / ✗

Profitto

Perdita

Considerazioni / Strategia utilizzata

Data
Strumento
Prezzo d'entrata
Size
Stop-loss
Take-profit
R:R

Risultato ✓ / ✗

Profitto
Perdita

Considerazioni / Strategia utilizzata

Data
Strumento
Prezzo d'entrata
Size
Stop-loss
Take-profit
R:R

Risultato ✓ / ✗

Profitto
Perdita

Considerazioni / Strategia utilizzata

Data
Strumento
Prezzo d'entrata
Size
Stop-loss
Take-profit
R:R

Risultato ✓ / ✗

Profitto
Perdita

Considerazioni / Strategia utilizzata

Data
Strumento
Prezzo d'entrata
Size
Stop-loss
Take-profit
R:R

Risultato ✓ / ✗

Profitto
Perdita

Considerazioni / Strategia utilizzata

Data
Strumento
Prezzo d'entrata
Size
Stop-loss
Take-profit
R:R

Risultato ✅ / ❌

Profitto
Perdita

Considerazioni / Strategia utilizzata

"*A volte i migliori investimenti sono quelli che non si fanno.*"
- *Donald Trump* -

Data
Strumento
Prezzo d'entrata
Size
Stop-loss
Take-profit
R:R

Risultato ✓ / ✗

Profitto
Perdita

Considerazioni / Strategia utilizzata

Data
Strumento
Prezzo d'entrata
Size
Stop-loss
Take-profit
R:R

Risultato ✓ / ✗

Profitto
Perdita

Considerazioni / Strategia utilizzata

Data
Strumento
Prezzo d'entrata
Size
Stop-loss
Take-profit
R:R

Risultato ✓ / ✗

Profitto
Perdita

Considerazioni / Strategia utilizzata

Data
Strumento
Prezzo d'entrata
Size
Stop-loss
Take-profit
R:R

Risultato ✓ / ✗

Profitto
Perdita

Considerazioni / Strategia utilizzata

Data
Strumento
Prezzo d'entrata
Size
Stop-loss
Take-profit
R:R

Risultato ✅ / ❌

Profitto
Perdita

Considerazioni / Strategia utilizzata

Data
Strumento
Prezzo d'entrata
Size
Stop-loss
Take-profit
R:R

Risultato ✓ / ✗

Profitto
Perdita

Considerazioni / Strategia utilizzata

Data
Strumento
Prezzo d'entrata
Size
Stop-loss
Take-profit
R:R

Risultato ✓ / ✗

Profitto
Perdita

Considerazioni / Strategia utilizzata

Data
Strumento
Prezzo d'entrata
Size
Stop-loss
Take-profit
R:R

Risultato ✓ / ✗

Profitto
Perdita

Considerazioni / Strategia utilizzata

Data
Strumento
Prezzo d'entrata
Size
Stop-loss
Take-profit
R:R

Risultato ✓ / ✗

Profitto
Perdita

Considerazioni / Strategia utilizzata

"Non è tanto importante comprare al prezzo più basso possibile quanto comprare al momento giusto."
- Jesse Livermore -

Data
Strumento
Prezzo d'entrata
Size
Stop-loss
Take-profit
R:R

Risultato ✓ / ✗

Profitto
Perdita

Considerazioni / Strategia utilizzata

Data
Strumento
Prezzo d'entrata
Size
Stop-loss
Take-profit
R:R

Risultato ✓ / ✗

Profitto
Perdita

Considerazioni / Strategia utilizzata

Data
Strumento
Prezzo d'entrata
Size
Stop-loss
Take-profit
R:R

Risultato ✓ / ✗

Profitto
Perdita

Considerazioni / Strategia utilizzata

Data
Strumento
Prezzo d'entrata
Size
Stop-loss
Take-profit
R:R

Risultato ✓ / ✗

Profitto
Perdita

Considerazioni / Strategia utilizzata

Data
Strumento
Prezzo d'entrata
Size
Stop-loss
Take-profit
R:R

Risultato ✅ / ❌

Profitto
Perdita

Considerazioni / Strategia utilizzata

Data
Strumento
Prezzo d'entrata
Size
Stop-loss
Take-profit
R:R

Risultato ✓ / ✗

Profitto
Perdita

Considerazioni / Strategia utilizzata

Data
Strumento
Prezzo d'entrata
Size
Stop-loss
Take-profit
R:R

Risultato ✓ / ✗

Profitto
Perdita

Considerazioni / Strategia utilizzata

Data
Strumento
Prezzo d'entrata
Size
Stop-loss
Take-profit
R:R

Risultato ✓ / ✗

Profitto
Perdita

Considerazioni / Strategia utilizzata

Data
Strumento
Prezzo d'entrata
Size
Stop-loss
Take-profit
R:R

Risultato ✓ / ✗

Profitto
Perdita

Considerazioni / Strategia utilizzata

Data
Strumento
Prezzo d'entrata
Size
Stop-loss
Take-profit
R:R

Risultato ✓ / ✗

Profitto
Perdita

Considerazioni / Strategia utilizzata

Data
Strumento
Prezzo d'entrata
Size
Stop-loss
Take-profit
R:R

Risultato ✓ / ✗

Profitto
Perdita

Considerazioni / Strategia utilizzata

Data
Strumento
Prezzo d'entrata
Size
Stop-loss
Take-profit
R:R

Risultato ✓ / ✗

Profitto
Perdita

Considerazioni / Strategia utilizzata

Data
Strumento
Prezzo d'entrata
Size
Stop-loss
Take-profit
R:R

Risultato ✓ / ✗

Profitto
Perdita

Considerazioni / Strategia utilizzata

Data
Strumento
Prezzo d'entrata
Size
Stop-loss
Take-profit
R:R

Risultato ✓ / ✗

Profitto
Perdita

Considerazioni / Strategia utilizzata

> "Non stabilire degli obiettivi troppo bassi. Se non hai bisogno di molto, non diventerai molto."
> - *Jim Rohn* -

Data

Strumento

Prezzo d'entrata

Size

Stop-loss

Take-profit

R:R

Risultato ✓ / ✗

Profitto

Perdita

Considerazioni / Strategia utilizzata

Data
Strumento
Prezzo d'entrata
Size
Stop-loss
Take-profit
R:R

Risultato ✓ / ✗

Profitto
Perdita

Considerazioni / Strategia utilizzata

Data
Strumento
Prezzo d'entrata
Size
Stop-loss
Take-profit
R:R

Risultato ✓ / ✗

Profitto
Perdita

Considerazioni / Strategia utilizzata

Data
Strumento
Prezzo d'entrata
Size
Stop-loss
Take-profit
R:R

Risultato ✓ / ✗

Profitto
Perdita

Considerazioni / Strategia utilizzata

Data _____
Strumento _____
Prezzo d'entrata _____
Size _____
Stop-loss _____
Take-profit _____
R:R _____

Risultato ✓ / ✗

Profitto _____
Perdita _____

Considerazioni / Strategia utilizzata
_____
_____
_____
_____
_____
_____
_____
_____
_____
_____

Data
Strumento
Prezzo d'entrata
Size
Stop-loss
Take-profit
R:R

Risultato ✓ / ✗

Profitto
Perdita

Considerazioni / Strategia utilizzata

Data
Strumento
Prezzo d'entrata
Size
Stop-loss
Take-profit
R:R

Risultato ✓ / ✗

Profitto
Perdita

Considerazioni / Strategia utilizzata

Data
Strumento
Prezzo d'entrata
Size
Stop-loss
Take-profit
R:R

Risultato ✓ / ✗

Profitto
Perdita

Considerazioni / Strategia utilizzata

Data
Strumento
Prezzo d'entrata
Size
Stop-loss
Take-profit
R:R

Risultato ✓ / ✗

Profitto
Perdita

Considerazioni / Strategia utilizzata

> *"Se si vuole portare avanti un certo impegno in maniera seria ci si deve davvero concentrare senza distrazioni."*
> — Paolo Fox —

Data
Strumento
Prezzo d'entrata
Size
Stop-loss
Take-profit
R:R

Risultato ✓ / ✗

Profitto
Perdita

Considerazioni / Strategia utilizzata

Data
Strumento
Prezzo d'entrata
Size
Stop-loss
Take-profit
R:R

Risultato ✓ / ✗

Profitto
Perdita

Considerazioni / Strategia utilizzata

Data
Strumento
Prezzo d'entrata
Size
Stop-loss
Take-profit
R:R

Risultato ✓ / ✗

Profitto
Perdita

Considerazioni / Strategia utilizzata

Data
Strumento
Prezzo d'entrata
Size
Stop-loss
Take-profit
R:R

Risultato ✓ / ✗

Profitto
Perdita

Considerazioni / Strategia utilizzata

Data
Strumento
Prezzo d'entrata
Size
Stop-loss
Take-profit
R:R

Risultato ✓ / ✗

Profitto
Perdita

Considerazioni / Strategia utilizzata

Data
Strumento
Prezzo d'entrata
Size
Stop-loss
Take-profit
R:R

Risultato ✅ / ❌

Profitto
Perdita

Considerazioni / Strategia utilizzata

Data
Strumento
Prezzo d'entrata
Size
Stop-loss
Take-profit
R:R

Risultato ✓ / ✗

Profitto
Perdita

Considerazioni / Strategia utilizzata

Data
Strumento
Prezzo d'entrata
Size
Stop-loss
Take-profit
R:R

Risultato ✓ / ✗

Profitto
Perdita

Considerazioni / Strategia utilizzata

Data
Strumento
Prezzo d'entrata
Size
Stop-loss
Take-profit
R:R

Risultato ✓ / ✗

Profitto
Perdita

Considerazioni / Strategia utilizzata

"Per avere di più di quello che hai, devi diventare di più di quello che sei. Se non cambi quello che sei, avrai sempre quello che hai."
- *Jim Rohn* -

Data
Strumento
Prezzo d'entrata
Size
Stop-loss
Take-profit
R:R

Risultato ✓ / ✗

Profitto
Perdita

Considerazioni / Strategia utilizzata

Data
Strumento
Prezzo d'entrata
Size
Stop-loss
Take-profit
R:R

Risultato ✓ / ✗

Profitto
Perdita

Considerazioni / Strategia utilizzata

Data
Strumento
Prezzo d'entrata
Size
Stop-loss
Take-profit
R:R

Risultato ✓ / ✗

Profitto
Perdita

Considerazioni / Strategia utilizzata

Data
Strumento
Prezzo d'entrata
Size
Stop-loss
Take-profit
R:R

Risultato ✓ / ✗

Profitto
Perdita

Considerazioni / Strategia utilizzata

Data
Strumento
Prezzo d'entrata
Size
Stop-loss
Take-profit
R:R

Risultato ✓ / ✗

Profitto
Perdita

Considerazioni / Strategia utilizzata

Data
Strumento
Prezzo d'entrata
Size
Stop-loss
Take-profit
R:R

Risultato ✓ / ✗

Profitto
Perdita

Considerazioni / Strategia utilizzata

Data
Strumento
Prezzo d'entrata
Size
Stop-loss
Take-profit
R:R

Risultato ✓ / ✗

Profitto
Perdita

Considerazioni / Strategia utilizzata

Data
Strumento
Prezzo d'entrata
Size
Stop-loss
Take-profit
R:R

Risultato ✅ / ❌

Profitto
Perdita

Considerazioni / Strategia utilizzata

Data
Strumento
Prezzo d'entrata
Size
Stop-loss
Take-profit
R:R

Risultato ✓ / ✗

Profitto
Perdita

Considerazioni / Strategia utilizzata

"I mercati azionari sono pieni di individui che conoscono il prezzo di tutto e il valore di niente."
- Phillip Fisher -

Data
Strumento
Prezzo d'entrata
Size
Stop-loss
Take-profit
R:R

Risultato ✓ / ✗

Profitto
Perdita

Considerazioni / Strategia utilizzata

Data
Strumento
Prezzo d'entrata
Size
Stop-loss
Take-profit
R:R

Risultato ✅ / ❌

Profitto
Perdita

Considerazioni / Strategia utilizzata

Data
Strumento
Prezzo d'entrata
Size
Stop-loss
Take-profit
R:R

Risultato ✓ / ✗

Profitto
Perdita

Considerazioni / Strategia utilizzata

Data
Strumento
Prezzo d'entrata
Size
Stop-loss
Take-profit
R:R

Risultato ✓ / ✗

Profitto
Perdita

Considerazioni / Strategia utilizzata

Data
Strumento
Prezzo d'entrata
Size
Stop-loss
Take-profit
R:R

Risultato ✓ / ✗

Profitto
Perdita

Considerazioni / Strategia utilizzata

Data
Strumento
Prezzo d'entrata
Size
Stop-loss
Take-profit
R:R

Risultato ✓ / ✗

Profitto
Perdita

Considerazioni / Strategia utilizzata

Data
Strumento
Prezzo d'entrata
Size
Stop-loss
Take-profit
R:R

Risultato ✓ / ✗

Profitto
Perdita

Considerazioni / Strategia utilizzata

Data
Strumento
Prezzo d'entrata
Size
Stop-loss
Take-profit
R:R

Risultato ✅ / ❌

Profitto
Perdita

Considerazioni / Strategia utilizzata

Data
Strumento
Prezzo d'entrata
Size
Stop-loss
Take-profit
R:R

Risultato ✓ / ✗

Profitto
Perdita

Considerazioni / Strategia utilizzata

> *"Non è possibile fare l'imprenditore senza una notevole carica di ottimismo e di entusiasmo. L'ottimismo aiuta a vedere le possibilità dove gli altri non vedono nulla, ad immaginare delle soluzioni positive anche nelle crisi più gravi."*
> − Francesco Alberoni −

Data
Strumento
Prezzo d'entrata
Size
Stop-loss
Take-profit
R:R

Risultato ✓ / ✗

Profitto
Perdita

Considerazioni / Strategia utilizzata

Data
Strumento
Prezzo d'entrata
Size
Stop-loss
Take-profit
R:R

Risultato ✓ / ✗

Profitto
Perdita

Considerazioni / Strategia utilizzata

Data
Strumento
Prezzo d'entrata
Size
Stop-loss
Take-profit
R:R

Risultato ✓ / ✗

Profitto
Perdita

Considerazioni / Strategia utilizzata

Data
Strumento
Prezzo d'entrata
Size
Stop-loss
Take-profit
R:R

Risultato ✓ / ✗

Profitto
Perdita

Considerazioni / Strategia utilizzata

Data
Strumento
Prezzo d'entrata
Size
Stop-loss
Take-profit
R:R

Risultato ✓ / ✗

Profitto
Perdita

Considerazioni / Strategia utilizzata

Data
Strumento
Prezzo d'entrata
Size
Stop-loss
Take-profit
R:R

Risultato ✓ / ✗

Profitto
Perdita

Considerazioni / Strategia utilizzata

Data
Strumento
Prezzo d'entrata
Size
Stop-loss
Take-profit
R:R

Risultato ✓ / ✗

Profitto
Perdita

Considerazioni / Strategia utilizzata

Data
Strumento
Prezzo d'entrata
Size
Stop-loss
Take-profit
R:R

Risultato ✓ / ✗

Profitto
Perdita

Considerazioni / Strategia utilizzata

Data
Strumento
Prezzo d'entrata
Size
Stop-loss
Take-profit
R:R

Risultato ✓ / ✗

Profitto
Perdita

Considerazioni / Strategia utilizzata

"Sapevo che se avessi fallito, non mi sarei pentito, ma anche che l'unico rimorso sarebbe stato non provarci."
- Jeff Bezos -

Data
Strumento
Prezzo d'entrata
Size
Stop-loss
Take-profit
R:R

Risultato ✓ / ✗

Profitto
Perdita

Considerazioni / Strategia utilizzata

Data _____
Strumento _____
Prezzo d'entrata _____
Size _____
Stop-loss _____
Take-profit _____
R:R _____

Risultato ✅ / ❌

Profitto _____
Perdita _____

Considerazioni / Strategia utilizzata

_____
_____
_____
_____
_____
_____
_____
_____
_____
_____
_____
_____
_____

Data
Strumento
Prezzo d'entrata
Size
Stop-loss
Take-profit
R:R

Risultato ✓ / ✗

Profitto
Perdita

Considerazioni / Strategia utilizzata

Data
Strumento
Prezzo d'entrata
Size
Stop-loss
Take-profit
R:R

Risultato ✓ / ✗

Profitto
Perdita

Considerazioni / Strategia utilizzata

Data
Strumento
Prezzo d'entrata
Size
Stop-loss
Take-profit
R:R

Risultato ✓ / ✗

Profitto
Perdita

Considerazioni / Strategia utilizzata

Data
Strumento
Prezzo d'entrata
Size
Stop-loss
Take-profit
R:R

Risultato ✓ / ✗

Profitto
Perdita

Considerazioni / Strategia utilizzata

Data
Strumento
Prezzo d'entrata
Size
Stop-loss
Take-profit
R:R

Risultato ✓ / ✗

Profitto
Perdita

Considerazioni / Strategia utilizzata

Data
Strumento
Prezzo d'entrata
Size
Stop-loss
Take-profit
R:R

Risultato ✓ / ✗

Profitto
Perdita

Considerazioni / Strategia utilizzata

Data
Strumento
Prezzo d'entrata
Size
Stop-loss
Take-profit
R:R

Risultato ✓ / ✗

Profitto
Perdita

Considerazioni / Strategia utilizzata

> *"Sono convinto che ciò che separa gli imprenditori di successo da quelli che non ne hanno è la semplice perseveranza."*
> − Steve Jobs −

www.ingramcontent.com/pod-product-compliance
Lightning Source LLC
Chambersburg PA
CBHW070436180526
45158CB00019B/1441